Am

Abend

achtet

Ali

Alligator

auf

alle

Angsthasen.

- Wo im Bild hat sich überall ein B b versteckt?
- Der rote Fisch bügelt. Welche Aufgaben im Haushalt kennst du noch?

- Wie viele Angsthasen sind bei Ali Alligator?
- A wie Ali ... – welche Namen mit A fallen dir noch ein?

Inhalt

Text und Illustrationen von **Daniela Kulot**

▶ Klatsche die Silben und sprich dazu.

Bu	Be	Ba	Bi	Bo
be	bu	bo	ba	bi

B b

Blindfisch

Bertram

bügelt

bergeweise

Bikinioberteile

breit.

- Wie viele C c haben sich im Bild versteckt?
- Das Chamäleon fährt Auto. Womit kannst du dich noch fortbewegen?

Chamäleon

Camillo

chauffiert

cool

charmante

Cockerspanieldamen.

▶ So sprichst du die Wörter richtig aus:

- chauffiert (sprich: schofiert): fährt
- cool (sprich: kuhl): entspannt
- charmant (sprich: schamant): liebenswert, freundlich

▶ Vergleiche die drei Frösche. Was ist gleich? Was ist anders?
▶ Welches Instrument siehst du auf dem Bild? Welche Instrumente kennst du noch?

▶ Klatsche die Silben und sprich dazu.

De Di Du Da Do

di da do du de

D d

Dromedar

Diana

dreht

durch,

da

drei

Dudelsäcke

dudeln.

▶ Was ist bei diesem Elefanten besonders?

▶ E wie Elefant ... – welche Wörter mit E e fallen dir noch ein?

Elefant
Egon
erzeugte
einmal
ein
entsetzliches
Erdbeben.

- Alle Schweine zusammen haben 12 Ohren. Stimmt das?
- Wo im Bild hat sich überall ein F f versteckt?

▶ Klatsche die Silben und sprich dazu.

Fo	Fa	Fi	Fe	Fu
fa	fu	fo	fi	fe

Ferkel

Ferdinands

feine

Fürze

finden

fünf

freudige

Fans.

▸ Was siehst du auf dem Bild: Untertasse, Gabel, Tischbein, Drehstuhl?
▸ Grasgrün, schneeweiß ... – welche Farbwörter kennst du noch?

▸ Klatsche die Silben und sprich dazu.

Gi Ga Go Ge Gu

go gi ga gu ge

Gans

Gabi

gurgelt

glücklich

glucksend

grasgrüne

Grütze.

▶ Im Bild hat sich das H h 10-mal versteckt. Stimmt das?

▶ Was isst und trinkst du gerne? Was magst du nicht?

▸ Klatsche die Silben und sprich dazu.

Ha Hu Ho He Hi
hi he hu ho ha

Hamster

Hamlet

hamstert

hastig

Hermanns

heiße

Hamburger.

▸ Was siehst du auf dem Bild: Duschvorhang, Klobrille, Fensterbrett, Hochhaus?

▸ Welche Dinge gibt es noch in eurem Badezimmer?

Igel

Igor

ist

irgendwie

im

Irrtum.

- Welche Tiere siehst du auf dem Bild? Was machen sie?
- Der Jagdhund jault. Probiere es auch, zum Beispiel mit den Silben ja, je, ji, jo, ju.

▶ Klatsche die Silben und sprich dazu.

Ji Ja Jo Je Ju

ja jo ju je ji

Jagdhündin

Jutta

jault

jämmerliche

Jodellieder.

▶ Wie viele Augen haben alle Krähen zusammen?

▶ Welche Farben kommen im Bild nicht vor: schwarz, braun, weiß, rosa, grün, rot?

▶ Klatsche die Silben und sprich dazu.

Ki Ko Ka Ku Ke
ku ka ke ki ko

K k

Krähe

Kunigunde

klimpert

kummervoll

klingende

Klavierkonzerte.

▸ Auf dem Bild sind mehr als 15 lila Luftballons zu sehen. Stimmt das?

▸ Welche Farben kommen im Bild vor?

▶ Klatsche die Silben und sprich dazu.

Li Lo Le Lu La

la le lu li lo

Laubfrosch

Leopold

lässt

lauthals

lachend

lila

Luftballons

los.

- Was siehst du auf dem Bild: Meerjungfrau, Frosch, Perlenkette, Ohrring, Sand?
- Wo im Bild hat sich überall ein M m versteckt?

▶ Klatsche die Silben und sprich dazu.

Ma Mi Mu Me Mo

mi mu me mo ma

M m

Meerschweinchen

Manfreds

Muskeln

machen

müde

Meerjungfrauen

munter.

- An wie vielen Nelken hat die Nacktschnecke schon genagt?
- Welche Blumen kennst du noch?

▸ Klatsche die Silben und sprich dazu.

Ne	No	Na	Ni	Nu
nu	na	no	ne	ni

N n

Nacktschnecke

Nora

nagt

nörgelnd

nacheinander

neun

Nelken

nieder.

- Wie viele Arme und Beine hat der Oktopus?
- O wie Oktopus ... – welche Wörter mit O o fallen dir noch ein?

Oktopus
Ottokar
operiert
oft
ohrenkranke
Omas
oder
Opas.

▶ Was siehst du auf dem Bild: Schere, Handtasche, Dachs, Kamm, Fön?

▶ Auf dem Bild siehst du einen Pudel. Welche Hunderassen kennst du noch?

▶ Klatsche die Silben
und sprich dazu.

Po	Pa	Pi	Pe	Pu
pe	pi	pa	pu	po

P p

Pudel
Pepe
pudert
pausenlos
pinkfarbene
Pinscherperücken.

▸ Welche Tiere siehst du auf dem Bild? Was machen sie?
▸ An dem Baum hängen Quitten. Welches Obst wächst noch an Bäumen?

Quakfrosch
Quirins
quietschgrüne
Quadratlatschen
quetschen
quabbelige
Quitten.

- Wie viele Geschenke sind auf dem Bild zu sehen?
- Das Rentier rast. Wie könnte es sich noch fortbewegen? Beispiel: Das Rentier rennt.

▶ Klatsche die Silben und sprich dazu.

Ri Re Ro Ru Ra

ro ru ra re ri

Rentier

Rudi

rast

ruhelos

rüber,

runter,

rauf.

▸ Was siehst du auf dem Bild: Torte, Himbeeren, Ringelsocken, Milchflasche?
▸ Süße Sahnesoße ... – welche süßen Leckereien kennst du noch?

▶ Klatsche die Silben und sprich dazu.

Su So Sa Se Si
si sa so su se

S s

Stubenfliege

Saskia

sabbert,

sobald

sie

süße

Sahnesoße

sieht.

- Was ist an dieser Tankstelle anders?
- Wo im Bild hat sich überall ein T t versteckt?

▶ Klatsche die Silben und sprich dazu.

Te To Ta Tu Ti
ta te ti to tu

Tiger
Theodor
tankt
täglich
tausend
Tassen
Trinkschokolade.

▸ Was siehst du auf dem Bild: Hochhaus, Ufo, Traktor, Schornstein, Blume?
▸ U wie Unke ... – welche Wörter mit U u fallen dir noch ein?

Unke

Uschi

unkt

ununterbrochen

ulkigen

Unsinn.

- Welche Tiere siehst du auf dem Bild? Was machen sie?
- An welche Verkehrsregeln hält sich der Vogel nicht?

Vogel
Volker
vergisst
verdammt
viele
Verkehrsvorschriften.

- Das Wollschaf wiegt so viel wie die Wolken in der Waagschale. Stimmt das?
- Wo im Bild hat sich überall ein W w versteckt?

▶ Klatsche die Silben und sprich dazu.

Wa Wu Wo We Wi

wo wi we wu wa

Wollschaf

Wilma

weiß

wohl,

was

weiße

Wolken

wiegen.

- Was siehst du auf dem Bild: Hexenbesen, Fledermaus, Pinsel, Spinnennetz?
- Denke dir einen lustigen Hexspruch aus: „Hokuspokus … !“

X-Sätze

x-mal

xagt,

xungen,

xschrieben –

Xschmackssache!

Bayrisch:
X-Sätze x-mal gesagt, gesungen, geschrieben – Geschmackssache!

- Hast du den Satz auf Bayrisch verstanden? Was ist daran besonders?
- Welche Dialekte kennst du noch?

- Das Yak fliegt in einem roten Hubschrauber über die Wiese. Stimmt das?
- Welche Farbe kommt im Bild nicht vor: gelb, orange, rosa, grün, lila?

Ypsilon-Sätze

yehn

ya

yar nich!

Berlinerisch:
Ypsilon-Sätze gehen ja gar nicht!

- Hast du den Satz auf Berlinerisch verstanden? Was ist daran besonders?
- Welche Dialektwörter kennst du?

- Wie viele Zähne hat die Ziege dem Zauberer schon gezogen?
- Wo im Bild hat sich überall ein Z z versteckt?

▶ Klatsche die Silben und sprich dazu.

Za Zo Zi Ze Zu

ze za zo zu zi

Z z

Zimtzicke

Zora

zieht

Zauberer

Zittermann

zehn

zwickende

Zähne.

Schau genau!

- Auf welchen Buchstaben-Seiten im Heft sind diese Bilder versteckt?
- Stellt euch gegenseitig Fragen zu den Bildern auf dieser Seite: Wer, Was, Wo, Wie, Wie viele …?

Lies genau!

1

2

Bügelbrett
Milchkrug
Stöckelschuh
Regentonne

Baumstamm
Herzmuschel
Segelschiff
Fischflosse

Bikinioberteil
Bügeleisen
Hausdach
Tischdecke

Stehtisch
Wäschekorb
Baumhaus
Salatblatt

- ▸ Lies die Wörter und ordne sie den Bildern zu. Was siehst du nicht auf den Bildern?
- ▸ Ordne die Wörter nach dem Alphabet.

Lösungen

A a (S. 2): ▸ 6 Angsthasen; ▸ z. B. Achmed, Alexandra, Andreas, Anna, Anton; **B b (S. 4)**: ▸ siehe Lösungsbild unten; ▸ z. B. aufräumen, Geschirr spülen, kochen, putzen, Wäsche waschen; **C c (S. 6)**: ▸ 20 C c; ▸ z. B. mit Bahn, Bus, Fahrrad, Roller, Flugzeug; **D d (S. 8)**: ▸ Das ist gleich: z. B. Alle drei Frösche spielen Dudelsack und tragen einen rot karierten Rock, ein weißes Hemd, schwarze Schuhe sowie weiße Socken. / Das ist anders: z. B. Rockmuster (linker Frosch), geöffnete Augen (mittlerer Frosch), Hemd mit Kragen (rechter Frosch); Farben der Buchstaben auf dem Dudelsack.; ▸ Dudelsack; z. B. Flöte, Geige, Gitarre, Klavier, Schlagzeug; **E e (S. 10)**: ▸ z. B. Der Elefant ist gelb. Er hat einen gewellten Rüssel und spitze Ohren.; ▸ z. B. Ente, Erdbeere, Esel, essen, erzählen; **F f (S. 12)**: ▸ Nein, es sind 14 Ohren.; ▸ siehe Lösungsbild unten; **G g (S. 14)**: ▸ Untertasse, Tischbein; ▸ z. B. himmelblau, rabenschwarz, tomatenrot, zitronengelb; **H h (S. 16)**: ▸ Nein, das H h hat sich 11-mal versteckt.; ▸ individuelle Lösung; **I i (S. 18)**: ▸ Klobrille, Fensterbrett, Hochhaus; ▸ individuelle Lösung; **J j (S. 20)**: ▸ z. B. Ein Jagdhund jault. / Ein Hirsch und sieben Hasen rennen weg. / Ein Vogel hält sich die Ohren zu.; **K k (S. 22)**: ▸ 8 Augen; ▸ rosa, rot; **L l (S. 24)**: ▸ Ja, es sind 19 Luftballons.; ▸ weiß, gelb, rot, lila, braun, blau, türkis, grün, grau, schwarz; **M m (S. 26)**: ▸ Meerjungfrau, Perlenkette, Ohrring, Sand; ▸ siehe Lösungsbild unten; **N n (S. 28)**: ▸ 4 Nelken; ▸ z. B. Tulpe, Rose, Gänseblümchen, Sonnenblume, Krokus; **O o (S. 30)**: ▸ 8 Arme und Beine; ▸ z. B. Oma, Opa, Ohr, Ofen, oben, offen; **P p (S. 32)**: ▸ Handtasche, Kamm; ▸ z. B. Dackel, Schäferhund, Labrador, Dalmatiner, Pinscher; **Q q (S. 34)**: ▸ z. B. Eine Maus lacht. / Ein Regenwurm kriecht über die Wiese. / Zwei Frösche hüpfen über Quitten. / Zwei Enten und ein Krokodil schwimmen im Wasser.; ▸ z. B. Äpfel, Birnen, Kirschen, Pfirsiche, Pflaumen; **R r (S. 36)**: ▸ 12 Geschenke; ▸ z. B. Das Rentier rennt / schleicht / hüpft / fährt / fliegt.; **S s (S. 38)**: ▸ Torte, Ringelsocken; ▸ z. B. Schokolade, Eis, Apfelkuchen, Waffeln; **T t (S. 40)**: ▸ z. B. Der Tiger tankt Trinkschokolade.; ▸ siehe Lösungsbild unten; **U u (S. 42)**: ▸ Hochhaus, Ufo, Schornstein; ▸ z. B. Uhr, Unterhose, Uhu, Unfall, unten; **V v (S. 44)**: ▸ z. B. Ein Vogel fliegt. / Ein Vogel schaut aus seinem Nest. / Eine Fledermaus flattert. / Ein Marienkäfer überquert den Zebrastreifen.; ▸ Der Vogel fliegt entgegen der Fahrtrichtung und beachtet den Zebrastreifen nicht.; **W w (S. 46)**: ▸ Nein, das Wollschaf wiegt mehr als die Wolken in der Waagschale.; ▸ siehe Lösungsbild unten; **X x (S. 48)**: ▸ Hexenbesen, Fledermaus, Spinnennetz; ▸ z. B. „Hokuspokus großes Stück, schnell dreht sich die Zeit zurück!“; **(S. 49)**: ▸ Vier Wörter (xagt, xungen, xschrieben, Xschmackssache) beginnen mit x X statt mit ge Ge.; ▸ z. B. Berlinerisch, Hessisch, Schwäbisch, Sächsisch; **Y y (S. 50)**: ▸ Nein, das Yak fliegt in einem rot-gelben Flugzeug über die Wiese.; ▸ rosa; **(S. 51)**: ▸ Drei Wörter (yehn, ya, yar) beginnen mit y. Zwei Wörter (yehn, nich) sind verkürzt.; ▸ z. B. Dialektwörter für „reden“: babbeln (Hessisch), schnacken (Hamburgerisch), ratschn (Bayrisch), snacken (Plattdeutsch), schwätzen (Schwäbisch); **Z z (S. 52)**: ▸ 9 Zähne; ▸ siehe Lösungsbild unten

Lösungsbilder

B b (S. 4):

F f (S. 12):

M m (S. 26):

T t (S. 40):

W w (S. 46):

Z z (S. 52):

Schau genau! (S. 54):

- **1. Reihe** (von links nach rechts):
  C c (S. 6); S s (S. 38);
  Z z (S. 52); E e (S. 10);

  2. Reihe (von links nach rechts):
  N n (S. 28); A a (S. 2);
  W w (S. 46); H h (S. 16)
- individuelle Lösung

Lies genau! (S. 55):

- **Bild 1**: Bügelbrett, Bikinioberteil, Herzmuschel, Bügeleisen, Wäschekorb, Fischflosse;

  Bild 2: Baumstamm, Stehtisch, Stöckelschuh, Segelschiff, Hausdach, Salatblatt;

  Diese Wörter passen nicht: Milchkrug, Baumhaus, Regentonne, Tischdecke;
- **B**: Baumhaus, Baumstamm, Bikinioberteil, Bügelbrett, Bügeleisen;
  F: Fischflosse;
  H: Hausdach, Herzmuschel;
  M: Milchkrug;
  R: Regentonne;
  S: Salatblatt, Segelschiff, Stehtisch, Stöckelschuh;
  T: Tischdecke;
  W: Wäschekorb